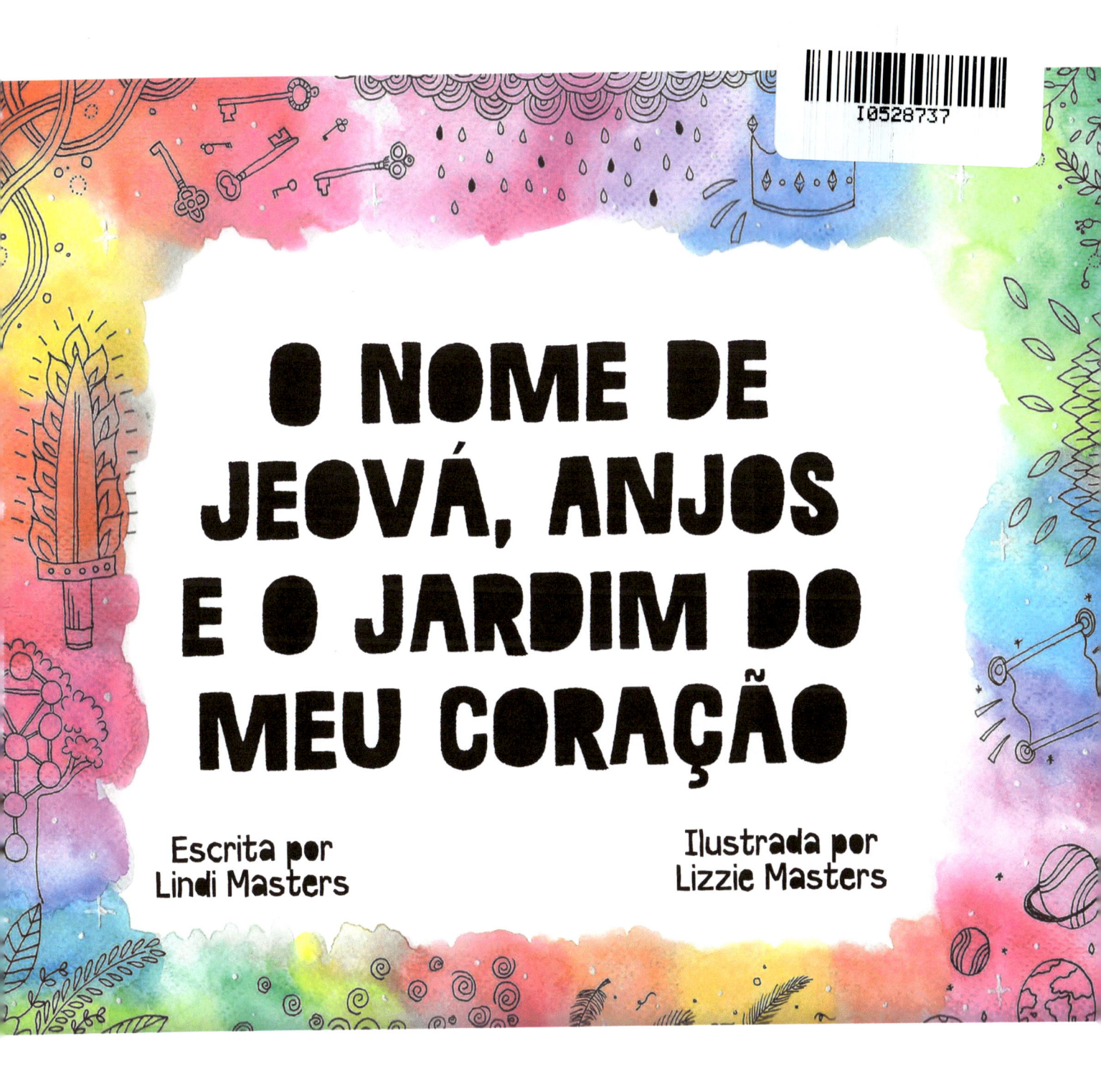

O NOME DE JEOVÁ, ANJOS E O JARDIM DO MEU CORAÇÃO

Escrita por
Lindi Masters

Ilustrada por
Lizzie Masters

Escrita por
Lindi Masters©

Ilustrada por
Lizzie Masters©

"O Nome de Jeová, Anjos e o Jardim do meu Coração"
Copyright© 2025

Estória escrita por Lindi Masters
Ilustrada e desinhada por Lizzie Masters
Traduzido por Fatima Ferrão

O nosso agredecimento a IGNITE KIDZHUB© e a todas as crianças do Reino Unido, EUA, África do Sul e Australia pelas vossas obras de arte. Agradecimento especial aos nossos mentores e amigos Ian Clayton e Grant Mahoney, sem os quais não teriamos explorado estes reinos.

Esta edição publicada em 2025 por House of Master Lda.

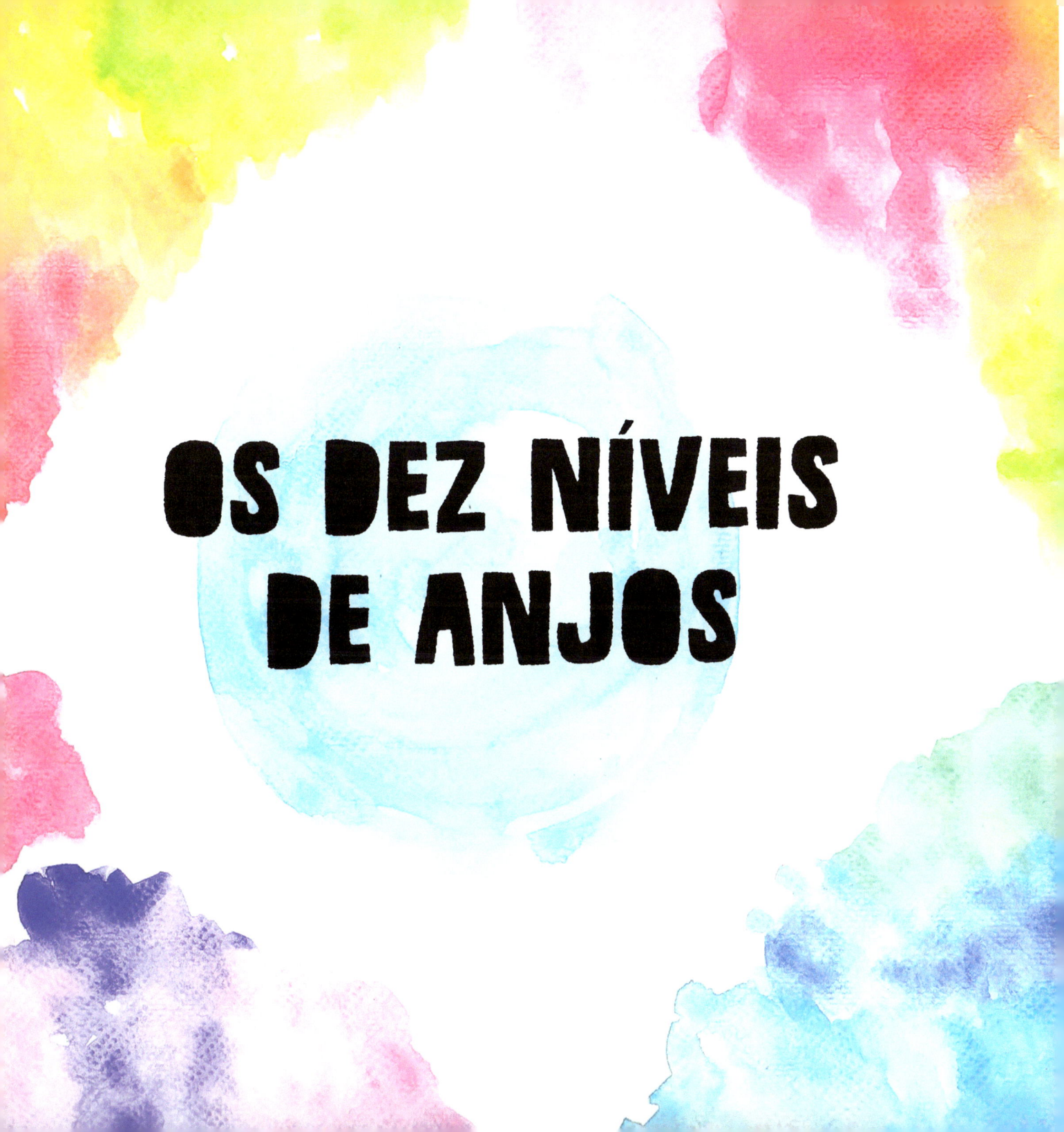

OS DEZ NÍVEIS DE ANJOS

Anjos são criados por Deus e são enviados para nos ajudar.

Eles trazem-nos mensagens e cuidam de nós.

Eles protegem-nos e até vem falar connosco.

Anjos gostam de rir e são muito engraçados.

Eles gostam de louvar e de cantar
'SANTO, SANTO, SANTO!'

Mas nem todos os Anjos são iguais.

Existe Anjos diferentes e existe milhões deles.
Eles recebem os seus nomes conforme o trabalho que fazem.
E nem todos os Anjos tem asas!
Eles adoram falar sobre Jeová.
Quando nós falamos sobre Jeová eles ficam
ANIMADOS!
Vamos nomear alguns do Anjos...

Chayos são...

Criaturas vivas sagradas.
Seu chefe é Metatron.
Ele faz as chaves de todas
as portas no céu.

Ophenim são...

As rodas dentro das rodas.
Como uma bola dentro de
outra bola.
Seu chefe é Raziel.

Erelim são...

Os poderosos.
Este anjos fazem as coisas.
Seu chefe é Tzathkiel.

Kashmelian são...

Estes anjos são brilhantes.
Eles mudam de côr como um
camaleão.
Eles são muito engraçados.
Seu chefe é Tzadkiel.

Seraphim são...

Os que ardem.
Eles têm seis asas e o seu trabalho é nos preparar para fazer aquilho que precisamos fazer.
Seu chefe é Gabriel.

Malachim são...

Os reis. Eles trazem o julgamento de Jeová ao mundo.
Seu chefe é Uriel.

Elohym são...

Os anjos parecidos connosco.
Eles parecem humanos.
Seu chefe é Haniel.

Ben Ei Elohym são...

Os Filhos de Deus que Deus
criou primeiro.
Eles estão sentados nos tronos
e esperam por nós para tomar
o nosso lugar.
Seu chefe é Michael.

Cherubim são...

Os que cubrem. Eles têm quatro rostos. O leão, o boi, a águia e o homem.
Seu chefe é Raphael.

Ishim são...

Os anjos príncipes guerreiros. Eles lutam pelo nosso destino e protegem a glória nas nossas vidas.
Seu chefe é Sandelford.

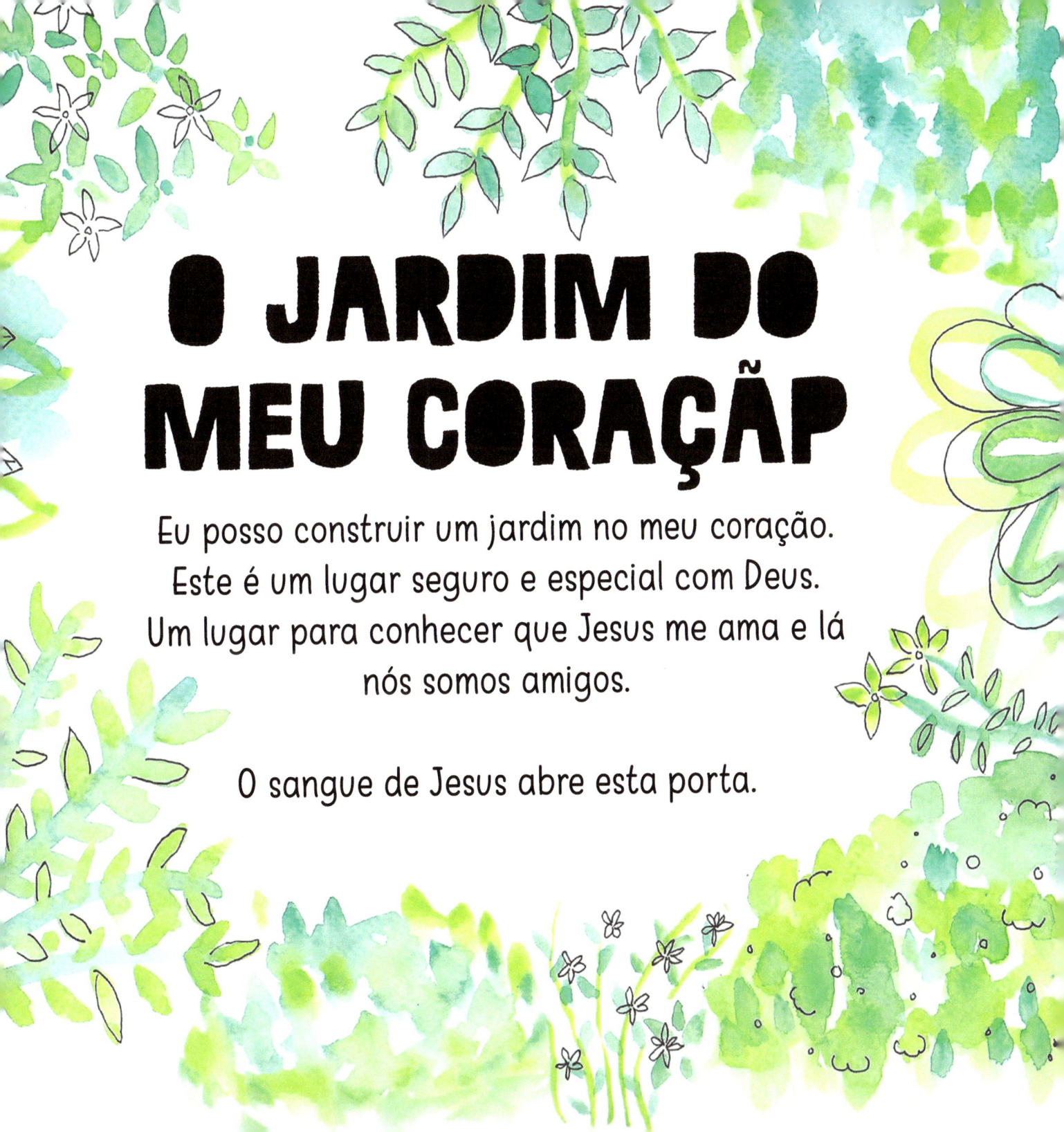

O JARDIM DO MEU CORAÇÃP

Eu posso construir um jardim no meu coração.
Este é um lugar seguro e especial com Deus.
Um lugar para conhecer que Jesus me ama e lá
nós somos amigos.

O sangue de Jesus abre esta porta.

Eu fecho os meus olhos e entro no rio de Deus pela porta da minha imaginação.

O rio de Deus corre no meu jardim. Eu começo a andar no rio.

O rio está cheio de ouro, diamantes, pedras e beleza.

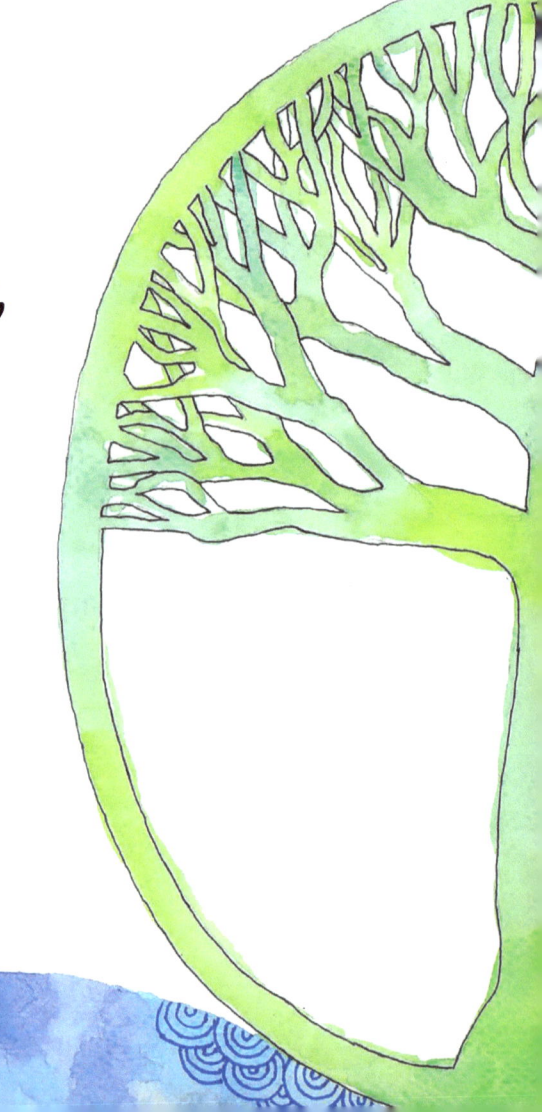

As folhas das árvores são como seres vivos
que movem-se na água como peixes.

Eu subo dentro do rio para a presença
Do Pai.

Eu ando no caminho até à ponte.

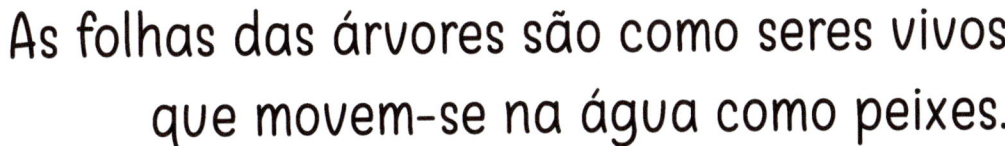

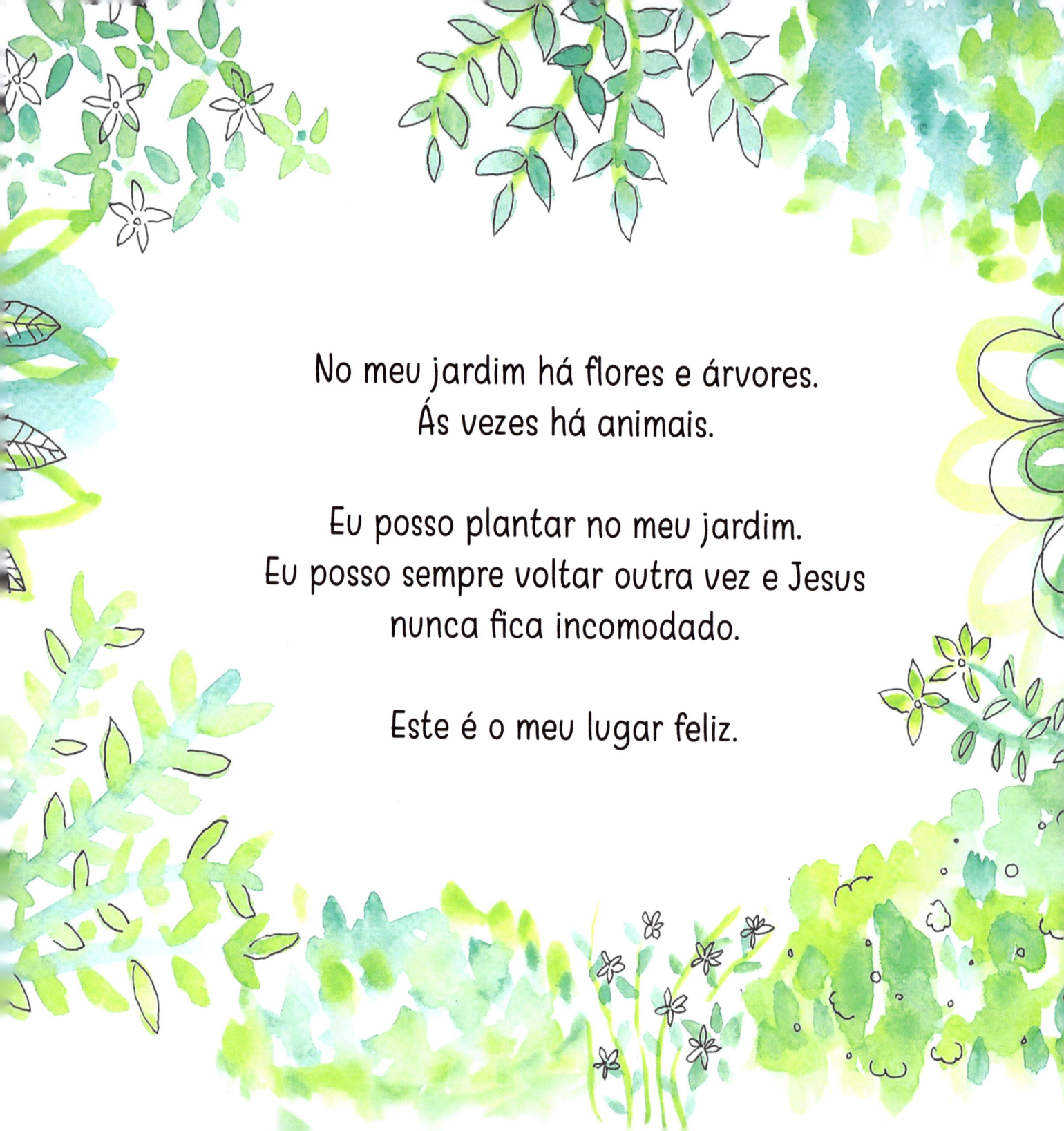

No meu jardim há flores e árvores.
Ás vezes há animais.

Eu posso plantar no meu jardim.
Eu posso sempre voltar outra vez e Jesus
nunca fica incomodado.

Este é o meu lugar feliz.

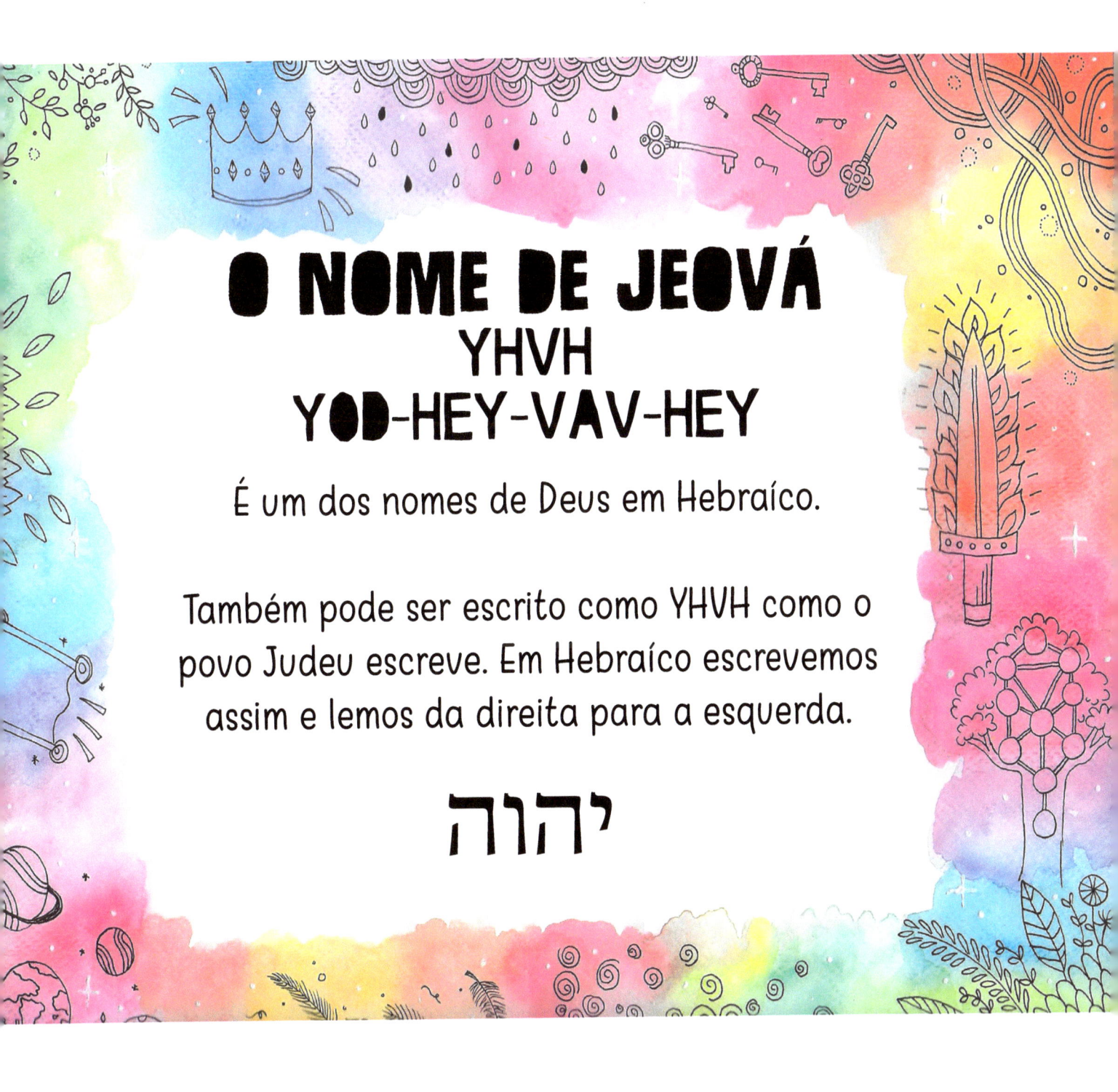

O NOME DE JEOVÁ
YHVH
YOD-HEY-VAV-HEY

É um dos nomes de Deus em Hebraíco.

Também pode ser escrito como YHVH como o povo Judeu escreve. Em Hebraíco escrevemos assim e lemos da direita para a esquerda.

יהוה

Lendo-o da direita para a esquerda..

יהוה

HEY   VAV   HEY   YOD

Quando cantamos e usamos o nome

YHVH יהוה

entramos em todas a letras.

As letras Hebraícas são seres vivos.

YHVH יהוה quer dizer "Eu sou" ou "Ser".

YHVH יהוה é muito antigo e muito sagrado.

VAMOS FAZER UMA ORAÇÃO

 Fecha os olhos

Faz um triângulo com as mãos

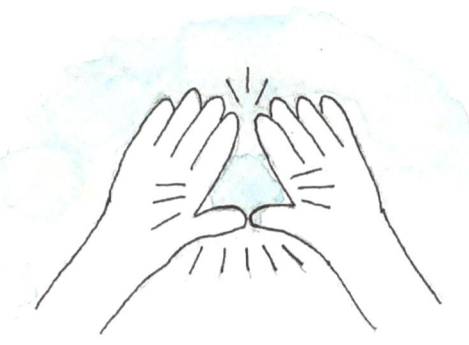

Canta o Nome de YHVH יהוה através do triângulo

Canta assim

 YOD  HEY  VAV  HEY

Entra no Nome de YHVH יהוה e através do véu

Entra no rio que flui do trono de Deus.
Pára e olha os anjos à tua volta.

Diz-lhes que estás feliz por vê-los e
feliz que eles estão contigo.

Agora entra no jardim do teu coração
e brinca e fala com Jesus.

Quando estiveres pronto, podes voltar
através do véu no Nome de YHVH יהוה.

Lembra-te que podes lá voltar quando quiseres.

AMÉN!

E+elimAngels
Edmund

Reuben

kashmelian

lily   luke   laya   lous   lulu

NORTH PoLe

GUARDIAN
Angel

Reuben

uriel

Through the veil breaking of brea

ANNA.

Administraitor
Rian Haniel

Hay hook

Jejel Ikenna

ring

Isham waring Angles
over nations

Joshaa

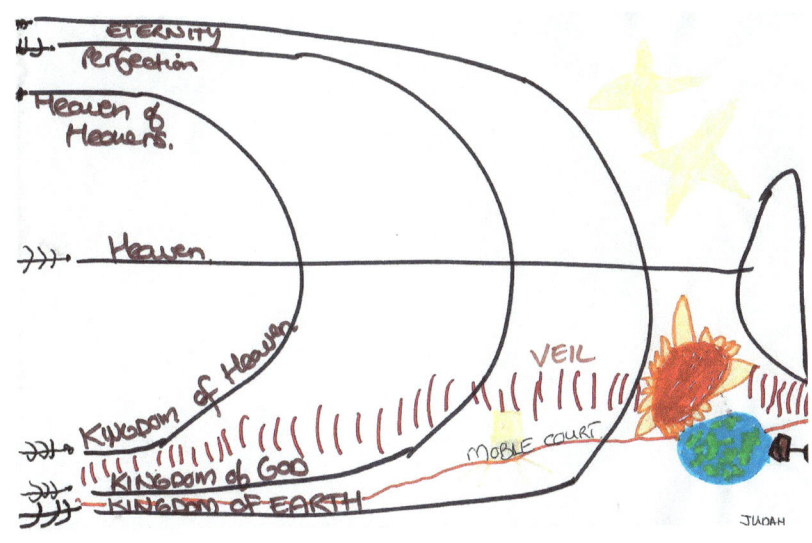

ETERNITY
Perfection

Heaven of
Heavens.

Heaven.

Kingdom of Heaven

VEIL

Kingdom of God

MOBILE COURT

Kingdom of EARTH

JUDAH

Este livro é o primeiro numa séries criada para
inspirar crianças a explorar e envolver-se
no Reino dos Reinos de Jeová.

Vamos explorar de perto o Nome de Jeová, os
10 níveis de Anjos e o jardim do nosso coração.

www.ingramcontent.com/pod-product-compliance
Lightning Source LLC
Chambersburg PA
CBHW041450120626
46547CB00002B/402